# MÉTHODE
# DE LECTURE

### PAR

# L. AUBEL

Un homme sans éducation
est un corps sans âme.

MONTLUÇON

CHEZ A. AUPETIT, LIBRAIRE-ÉDITEUR

1853

# PRÉFACE.

—

Les méthodes de lecture fourmillent en France, cependant quelque nombreuses et quelque estimables que soient ces diverses méthodes, nous avons cru être utile à la société et rendre service à l'enseignement en en publiant une nouvelle encore.

Entièrement différente des autres livres de ce genre, la méthode que nous offrons au public se distingue par sa simplicité, sa clarté, et par l'ordre méthodique et logique des matières qu'elle renferme. Elle est divisée en trois parties distinctes ; dans la première, naturellement destinée aux commençants, au lieu d'amuser les enfants à une foule d'exercices inutiles et souvent insignifiants ou de leur mettre sous les yeux immédiatement après l'alphabet des mots d'une longueur quelconque et hérissés de difficultés, nous leur donnons les exercices indispensables mais suffisants, et une foule de mots gradués dont la prononciation ne présente aucune difficulté. Dans la seconde partie qui, à proprement parler n'existe pas dans les autres méthodes de lecture, ou qui se trouve confondue avec la première, nous indiquons à-peu-près toutes les difficultés de la lecture avec de nombreux exemples à l'appui de chaque règle. Enfin, dans la troisième partie consacrée à la lecture courante, nous avons préféré enseigner aux enfants les repos et les liaisons, que beaucoup d'auteurs passent sous silence, leur donner quelques petites historiettes à leur portée et quelques conseils propres à stimuler leur émulation et à leur faire aimer le bien et détester le mal, que de leur parler de chimie, de physique, d'astronomie, de télégraphie électrique et d'une foule de sciences auxquelles les enfants ne comprennent rien.

L'avenir nous apprendra si nous avons compris ou non l'art d'enseigner la lecture,

# MÉTHODE DE LECTURE

## Lettres.

### VOYELLES SIMPLES.

a â e é è ê

i î o ô u û y.

### CONSONNES SIMPLES (1).

b c d f g h j

---

(1) Dans cette méthode, on appelle les lettres par leur véritable nom, c'est-à-dire que l'on dit : a, be, que, de, e, é, è, fe, gue, etc., et non pas : bé, cé, dé, effe, gé, etc.

# k l m n p q r s t v x z.

## ALPHABETS USUELS.

### Lettres ordinaires ou Minuscules.

# a b c d e f g h i j k l m n o p q r s t u v x y z.

### Lettres Capitales ou Majuscules.

# A B C D E

# F G H I J K L M N O P Q R S T U V X Y Z.

## Lettres Italiques.

*a b c d e f g h i j k l m n o p q r s t u v x y z.*

## EXERCICES PRÉLIMINAIRES.

ba be bé bè
bi bo bu ca
co cu da de
dé dè di do
du fa fe fé
fè fi fo fu ga
go gu ja je
jé jè ji jo ju

ka ké ki ko

ku la le lé

lè li lo lu ma

me mé mè

mi mo mu

na ne né nè

ni no nu pa

pe pé pè pi

po pu ra re

ré rè ri ro
ru sa se sé
sè si so su
ta te té tè ti
to tu va ve
vé vè vi vo
vu za ze zé
zè zi zo zu.
ab ac ad

af al ar as
at ib ic id if
il ir is it ob
oc od of ol
ov os ot ub
uc ud uf ul
ur us ut.

bla ble blé
blè bli blo

blu cla cle
clé clè cli
clo clu fla
fle flé flè fli
flo flu gla
glé glè gli
glo glu pla
ple plé plè
pli plo plu.

bra  bre

bré  brè  bri

bro  bru  cra

cre  cré  crè

cri  cro  cru

dra  dre  dré

drè  dri  dro

dru  fra  fre

fré  frè  fri

fro fru gra

gre gré grè

gri gro gru

pra pre pré

prè pri pro

pru tra tre

tré trè tri

tro tru vra

vre vré vrè

# vri vro vru.
# sta ste sté
# stè sti sto
# stu.

---

## MOTS

### DONT LA PRONONCIATION NE PRÉSENTE AUCUNE DIFFICULTÉ.

bu de dé do du fa
fi je la le lé lu ma

me mi mû ne ni nu
pu re ré ri sa se si su
ta te té tu va vu.

âme ami âne api
are axe écu élu épi
ère été île ire ive ode
une uni blé bru cri
cru dru glu gré pré.

abri âcre acte âpre
apte ardu arme âtre
bave béni bête bile
boni bube bure bute
buze café cale cane
cape cati cave coco
code cône cote côte

côté cube cure curé
cuve dada dame date
déjà demi dîme dîné
dire dodu dôme dune
dupe dure écru fade
fane fêle fête fétu
fève file fine fixe futé
gala gale gare gaze
kilo jade joli jupe
juré lame lave lime
lire loto lune luxe
mâle mare mari
même menu mère
midi mine mire
mode moka mule

mûre none note
orme orne pâle papa
pape pate pâte pâté
pavé père pile pipe
pire pôle poli râle
rame râpe rade rare
rave rêne rêve ride
ridé rime rire rive
robe rôle rôti rude
sale salé semi sève
sire site sofa sole solo
tape tare taré tari
taxe tête têtu tine
tire tôle tome tope
tore tube velu vide

vite vive vole vote
zèle zélé zéro zône.

abîme agame
agami agate alène
alèze alibi alize alizé
alude arbre arêne
arête aride astre
atome avare avide
azote azuré barbe
barde bible bigle
blâme blême bordé
borne borné brame
brave brève bride
brize brûlé brume
bruni brute bulbe

câble    cadre    calme

câpre    carde    carme

carne    carpe    carte

caste    clore    colza

corde    corne    cornu

crâne    crême    crêpe

crime    culte    degré

docte    drame    drapé

drôle    ébène    écale

école    écope    écume

édile   élève   élire   élite

émule    épaté    épave

épine    épuré    étole

étude    étuvé    fable

faste   fibre   fifre   flûte

forme     forte     frêle

frêne     frère     frime

frire     galbe     garde

glane     glèbe     globe

golfe     grade     grave

grêle     grenu     grève

grive     grume     idole

ilote jable jaspé juste

ladre     larme     lèpre

lèvre libre liste litre

livre     mardi     marne

mètre     mitre     mufle

nèfle     nègre     noble

notre     obole     olive

opale     opéra     ordre

ovale   oxyde   palme
parti   pâtre   plane
plume   porte   poste
prime   prône   prude
sable   sabre   sacre
safre   salve   sobre
solde   sorbe   sorte
sucre   table   tarte
tigre   titre   tortu
trame   tréma   trève
trône   unité   urine
utile   vitre   vivre
zèbre.

     absolu   adulte
agrafe   alarme   alcali

alcôve alègre alinéa
alpaga alpine apôtre
arable arcade arcane
aréole armure artère
baba babine badine
bavure bibi bigame
bipède biribi bitume
bobine bore cabale
cabane cadole cagote
calade calife canapé
canari capote caraco
carafe carême cavale
cavité clarté colère
colure comète crible
cupide cutané dartre

débile décade dédale
dédire défilé défini
délire démêlé député
dératé dérivé détenu
dévolu dévote divine
dodo domino dorade
dorure dureté écarté
éclore écrire énorme
épître étable famine
farine fatale favori
fécule fêlure férule
fétide fidèle figure
filtre filure finale
forure futile future
gabare galène galère

jubilé jujube lacune
légume lévite levure
limite limure linote
livide macule
madame malade
marbre marine
médire mérite
minime minute
mobile modèle
modéré module
morale narine
nature navire nubile
numéro octave orbite
organe pagode
panade parade

parafe parole parure
patate patène patère
pâture pécore pécule
pédale pelote pelure
pétale pilori pilote
pilule pirate pirole
plâtre potelé rafale
rapide rapine râpure
ratine rature ravale
ravine redire relire
remède retiré revenu
revêtu révolu ribote
rigole rotule roture
sabine salade saline
salive samedi sapine

satire savate sébile
sévère sirène solive
sonore sûreté timide
tirade tocane tomate
topaze tulipe valide
vanité vérine vérité
vérole vêture vidame
vipère virole virule
volume volute.

absurde albâtre
alidade alumine
amazone aménité
apocope apozème
arbitre arbuste
aridité aromate

| | |
|---|---|
| article | artiste |
| aveline | avidité |
| azerole | balafre |
| barbare | bascule |
| bâtarde | batiste |
| bavarde | bélître |
| biforme | bigorne |
| binocle | bordure |
| bravade | brévité |
| bricole | brigade |
| brûlure | buvable |
| cadastre | cadavre |
| calibre | capable |
| capsule | captive |
| capture | carbone |

| | |
|---|---|
| carboné | cascade |
| clarine | clôture |
| cocarde | colibri |
| costume | cratère |
| cravate | crédule |
| crudité | culbute |
| culture | curable |
| cursive | dagorne |
| débâcle | débordé |
| déclive | décrire |
| décuple | déplumé |
| dépravé | diplôme |
| dispute | drapade |
| éclipse | économe |
| égalité | épitomé |

| | |
|---|---|
| évaporé | facture |
| faculté | falbala |
| falcade | fenêtre |
| fistule | formule |
| fortune | fortuné |
| frégate | friture |
| frivole | fumiste |
| funèbre | gargote |
| glanure | globule |
| gravité | gravure |
| grenade | inanimé |
| inodore | inopiné |
| inutile | lardure |
| lézarde | lucarne |
| marmite | mégarde |

| | |
|---|---|
| morsure | mulâtre |
| murmure | octobre |
| orfèvre | papiste |
| pénible | pistole |
| platane | platine |
| posture | praline |
| prélude | profane |
| réalité | révolte |
| salubre | saturne |
| sordide | sublime |
| suprême | tartine |
| torture | trapèze |
| tribune | trinité |
| tumulte | unanime |
| utilité | vacarme |

varlope      victime
virgule.

acrobate   activité
adorable    adultère
agréable     agricole
agronome albumine
algarade amalgame
amovible anostome
apostème apostume
aptitude    arbalète
armature   aspérité
balustre    bénévole
biscornu    blafarde
buratine    calamité
camarade canicule

| | |
|---|---|
| capitale | carabine |
| caracole | caracoli |
| caravane | catérole |
| cavatine | cloporte |
| clubiste | eréature |
| cupidité | curative |
| cuticule | débilité |
| délébile | démordre |
| dénaturé | discorde |
| divinité | doctrine |
| ébéniste | écarlate |
| écornure | écriture |
| énormité | faribole |
| fatalité | fidélité |
| filature | filicule |

| | |
|---|---|
| futilité | galopade |
| idolâtre | latitude |
| légalité | limonade |
| localité | majorité |
| maritime | maturité |
| monotone | monopole |
| moralité | nativité |
| opuscule | parabole |
| popeline | pélerine |
| pénalité | pétarade |
| rapidité | ridicule |
| rivalité | satinade |
| sécurité | sérénade |
| sérénité | sibarite |
| sinistre | solidité |

solitude      tavelure

timidité      totalité

uniforme    vénalité

vitalité.

absurdité admirable

alarmiste   altérable

altimètre  amabilité

anévrisme animalité

aréomètre  astragale

astrolabe astronome

baromètre botaniste

brutalité   buraliste

cabaliste  cadrature

canoniste  capripède

captivité   caractère

carmélite carnivore

castorine cataracte

cavalcade coloriste

cornaline crédulité

décalitre décamètre

décastère déclivité

démocrate dictature

diplomate disparate

disparité fabuliste

fataliste favorable

féodalité formalité

frivolité frugalité

garniture gratitude

kilolitre kilomètre

majuscule marinade

métropole mortalité
multitude platitude
salubritéacadémiste
abominable.

animalcule
balustradecalorifère
caricaturedisponible
judicature libéralité
popularitérégularité
agriculture
amovibilité
aristocrate
capitaliste
crédibilité
facultative.

il or bal bol col
dur mal mil mur
nul par pur sol sur
vif vol azur oral unir
actif banal bocal
butor canal canif
fanal final finir légal
local métal moral
motif munir mûrir
natal natif naval
obéir pâlir périr
polir punir ravir
régal rétif rival
rural salir subir
tarif tarir tenir

total    venir    vêtir
vomir abolir avenir
brutal calcul captif
dormir garnir glapir
inégal normal partir
pascal pétrir profil
réunir sortir adoptif
anoblir    capital
caporal cristal flétrir
inactif    maladif
marital    matador
médical    minéral
négatif    obtenir
ordinal    relatif
retenir    revenir

| revêtir | vomitif |
|---|---|
| cardinal | carnaval |
| lucratif | mémorial |
| parvenir | prémunir |
| prévenir | primitif |
| purgatif | répartir |
| rétablir | mémoratif |
| r ) ductif | préparatif |
| etc. | |

## RÉCAPITULATION

Le dé, l'âme, l'âne, l'ami, l'écu,
l'épi, l'été, du blé, le pré, l'arme,
la bile, du café, une cane, la
cave, la tête, le dîné, une côte,
la fête, ma mère, une jupe, la

robe, la lune, une lime, la mule,
une cave, une lame, le pape, une
pipe, du pâté, le zèle, le zéro,
une râpe, une rave, le père, du
rôti, la bride, une carpe, la
carte, une corde, l'école, une
flûte, le garde, la grêle, une
grive, le mètre, la palme, le
pâtre, ma plume, une prune,
du sucre, de la crême, le tigre,
une bobine, la cabane, la capote,
une carafe, le carême, la colère,
la figure, une tarte, le parjure,
une parure, l'étable, de la
farine, la férule, le légume, une
linote, le mérite, une minute, la
parole, une pelote, le pilote, de
la salade, une savate, la tulipe,
la vérité, une vipère, la bordure,
une brûlure, la clôture, une
cocarde, ma cravate, l'écriture,
une facture, la fenêtre, la
formule, une grenade, une

lucarne, la marmite, une pistole, du platine, une praline, la révolte, une tartine, la trinité, le tumulte, une varlope, une virgule, le camarade, de la limonade.

La carabine de papa, le remède du malade, l'uniforme du garde, de la marmelade, papa a bu du café, l'écriture cursive, dire la vérité, Rémi a ri à l'école, évite la colère, Adèle a sali sa robe, ma mère a été malade, Justine a jeté sa pelote, Jérôme ira à l'école, la garniture de la robe, l'ami fidèle, l'épi grenu, le pré uni, l'arme du garde, va à la cave, l'âne têtu, le côté du navire, la fête de ma mère, le joli canapé, la jupe de la robe, la mule du pape, papa fume sa pipe, le prêtre zélé, la robe de gaze, le père avare, la carte de la Corse, l'écume de la marmite, l'étude utile, le garde sévère, la cabane solide, la morsure de la vipère, une figure agréable, le bal paré, le caporal de garde, le mardi du carnaval, le mal de tête, polir du métal, sortir de l'école.

## 2ᵉ PARTIE.

## Principales difficultés de la lecture.

### VOYELLES COMPOSÉES. (1)

**am an em en om on im in au
eu ou un ai ei er ez et est (*verbe*).**

---

(1) L'écriture étant la traduction de la parole, notre alphabet, tout naturellement, devrait se composer d'autant de lettres qu'il y a de sons différents dans notre langue parlée. On pourrait alors figurer chaque son par un caractère distinct, et notre écriture serait correcte. Malheureusement il n'en est pas ainsi ; on s'est habitué à représenter par plusieurs lettres à la fois, faute de caractères suffisants, des sons qui sont tout aussi simples que les autres. Alors on appelle voyelles composées et consonnes composées ces diverses combinaisons de lettres.

## DIPHTHONGUES.

ia ié iè io iu oi ui ian ien ieu
ion oin oui.

## CONSONNES COMPOSÉES.

ch gn gu ill ph qu.

---

an au en et on ou un bon cou
est feu fin foi fou mon mou non
nez oui son sou ton vin moi toi
soi que qui afin aide aile aîné
aire anse aube aune aveu bien
biez bleu brin brun clin clou
crin Dieu envi étau étui lion
muet mien tien sien chou anche
arche adieu aigle aigre aimer
ambre ample ancre angle aucun
autre balai bâton baume bidet
bière bijou boire boîte bombe
bonde bonté boule burin butin
bâche bague bêche bègue biche

bique bûche caban câlin candi
canon capon caton colon conte
coton coude coupe cache châle
chêne chère chûte danse daube
doute douze digne écrou encore
encre enfin entre envoi faîne
faire faute fauve fente filer filet
filon filou foire fonte forêt fouet
foule fuite faîte figue fiche fichu
galon ganse gaule gazon gâche
guide jeter jouer jouet jupon
jalon jambe jante jaune jeton
jeudi jeûne laine lampe lapin
latin licou limon louer lâche
maman mauve melon moine
monde moule mèche miche
niche navet neveu objet ombre
ongle pardon piano piété poire
poule prier orgue ognon pêche
poche rente route ruche riche
salon santé savon selon semer
sonde soude soupe sujet talon
taupe tempe timon toile tombe

tonte tuile toque phare quête
vague vache vigne signe ligne
pique valet veine voile volet
voûte venez.

acajou amadou amande
amende amidon amitié angora
aubade augure aumône aurore
autrui avarié avoine archet
balcon bambin blonde bonbon
bondon boston boucle boudin
boulet boulon bourse bourbe
bouton bouvet brevet brider
bronze broder barque baquet
blague brèche brique broche
bûcher cadran canton cardon
carlin carmin carton comble
contre cordon coudre courbe
course crampe croûte cuivre
cachet caille casque chaire
chapon chaque charme chaste
chauve chemin cheveu chèvre
cloche claque crèche cruche
diacre double dragon droite

drogue élever empire emploi
entrer épaule éperon étoupe
faible feutre flacon fleuve
foudre fouine fourbe fourmi
fraude fripon fronde flèche
friche époque gabion gardon
glande glaner gloire gouffre
gourde gourme maille marche
paille peigne pioche torche
borgne bouche chaîne coquin
faquin langue marque mouche
plaque quatre taille unique
impoli infâme injure intime
ivoire jardin jambon laiton
livrer montre moudre moulin
mouton panier pardon parler
patron pauvre piéton plante
poivre porter poudre poulet
poumon préfet preuve prière
projet regret secret siècle
simple soufre suivre timbre
tondre traité viande violon violet.

admirer adopter agraire

aimable ajouter armoire atelier
aveugle baleine blondin bourdon
bouvier cabaret carabin carafon
clairon clampin cloître colombe
compote confire convive couplet
coutume couture demande
demeure dizaine domaine
enclume endormi enduire
enflure ensuite environ épingle
étendre étourdi étudier enlever
cabinet métier fantôme foulure
glouton goudron grenier
imprimé inculte infirme informe
injuste insulte inviter litière
lumière limpide manière
matière mémoire miracle
mitaine monter patente pendule
pension période planter pleurer
pontife premier plumet ratière
rivière routine salaire semaine
sentier semoule soudure soulier
tempête tromper victoire voiture
volonté acheter achever aquilon

blanche bouquet brochet caillou
baraque bouchon bouilli
branche calèche colique ivrogne
camphre chagrin marcher
chanson chanvre charbon
chardon charité chevron
chimère chambre chopine
cruchon dépêche écaille
écharde écharpe embûche
épargne fatigue fourche feuille
jachère insigne indigne liquide
machine modique panache
patache qualité relique sacoche
torchon tunique.

absoudre aratoire aubépine
autorité aventure bavarder
bourbier bistouri bourgade
bravoure concorde conduire
conduite conforme confrère
crinière défendre diamètre
douzaine droiture écumoire
emplâtre ensemble entendre
fanfaron furoncle individu

infidèle inscrire invalide
libraire médiocre moutarde
neuvième pistolet poitrine
poularde primaire soupière
tournure victoire alphabet
autruche bataille bouillon
boutique brochure bûcheron
campagne cantique capuchon
chaloupe chanoine chapitre
chaudron consigne corniche
cravache dimanche enseigne
fabrique farouche faillite futaille
montagne limaille médaille
muraille pratique prophète
quarante quatorze remarque
tenaille.

abricotier calendrier cafetière
capitaine compatriote contraire
convenable couturière
devanture églantine jardinière
impériale incrédule infortune
invariable militaire ordinaire
populaire réprimande satisfaire

solitaire andouille antiquité
baignoire bataillon brodequin
brouillon cachemire cartouche
champêtre charlatan charnière
charpente dépouille épluchure
équivoque équitable fanatique
mitraille phosphore phénomène
signature catalogue catéchisme
champignon          charitable
coqueluche          grenouille
magnifique          apostrophe
atmosphère          quadrupède
quenouille catastrophe, etc.

air chair clair cour cuir
courir devoir agrandir amateur
agriculteur autour bonjour
bonsoir chaleur chanteur cheval
couleur docteur douleur éclair
éteignoir facteur fleur fumeur
grandeur grandir jour journal
laboureur liqueur longueur
menteur miroir moniteur
mouchoir mouleur noir ouvrir

parleur pasteur pour quintal
ramoneur remplir sapeur signal
soupir suif tambour tour
tourneur travailleur trompeur
tuteur valeur vapeur voleur
zéphir etc.

## LETTRES DOUBLES.

abbé abattre accolade accroire
affable affaire allumette annuaire
appui arrête assidu assiette
attache attaque attendre attrape
aussi balle ballon barrière
barrique basse bassin bassine
bâtisse battre bécasse belette
beurre bizarre bonne bosse botte
bourre brasse brosse calotte
canne carotte carré carrosse
casserole chasse charron
chausson chiffon classe coffre
colle colline colonne comme
commode commune consonne

3*

couronne crasse culotte étoffe
filasse flamme fourrure gomme
goutte gramme grappe griffe
grippe grosse grotte illustre
immobile jarretière latte lisse
malle masse mille nappe passé
pomme pommade salle somme
tonne tulle ville etc.

---

# PRONONCIATIONS
## EXCEPTIONNELLES ET BIZARRES
### DE QUELQUES LETTRES.

---

*Devant les lettres e i y le c se
prononce s :*

ce ceci cela cène ici cime cire
cité face lice noce puce race vice
acide cidre épice farce force grâce
nièce place calice atroce céleri

cigale décime docile écorce facile
féroce licite négoce police varice
vorace célèbre avarice caprice
édifice factice grimace justice
menace orifice préface société
bénéfice artifice atrocité capacité
capucine civilité docilité
domicile facilité félicité férocité
vivacité cicatrice décilitre etc.

acier celui ciron lance pouce
souci audace cendre centre
citron source balance centime
enfance finance pitance vacance
audience centaine centiare
centième centuple clémence
distance prudence abondance
célibataire centimètre centilitre
cimetière circulaire confiance
confidence contenance
convenance bracelet cigarre
cigogne cinquième cinquante
circonstance citrouille difficile
etc.

*Devant les lettres e i y le g se prononce j :*

âge cage gage gîte juge loge mage nage orge page rage sage tige agile éloge argile étage forge givre gorge image large liége marge orage otage siége abrégé bocage cirage dégagé déluge girafe ménage potage ramage ravage refuge rivage tapage tirage volige algèbre bordage carnage cordage corsage cortége étalage étamage fragile fromage girofle origine partage prodige protégé légitime bavardage privilége.

ange auge congé fange genou genre gilet neige rouge éponge frange orange fougère sauvage avantage engelure évangile genièvre boulanger léger loger ménager ouvrage carrelage collége bauge général original etc.

———————

*Entre deux voyelles le s se prononce z :*

asile base basane besace bise buse case cause cerise chaise blouse braise chemise camisole cousin cousine curiosité désolé désagréable division écluse église entreprise fraise glaise lisible lisière mâsure mesure mise misère prose prison rasade remise réséda rose ruse usine usure vase valise visite visage voisin toison troisième parasite mésange faisan grison phase phrase brasier briser gosier isolé moisi noisetier pose

présure présenter raisin raison
résolu basin musette confusion
comparaison etc.

---

*Devant l'i suivi d'une autre
voyelle et principalement devant
la syllabe ion, le t se prononce
souvent s :*

abolition      absolution
abréviation   action admiration
adoption   ambition   caution
altération aspiration articulation
augmentation    bénédiction
donation      conscription
circulation      composition
condition      confirmation
conjonction      consolation
construction      continuation
contribution      contrition
convention création déclaration
définition   désolation   dévotion

détonation distraction
distribution élévation fabrication
fondation formation fraction
imitation indication inondation
insatiable institution intention
invention nation munition
position solution séparation
impartial impatience initiale
initié martial partialité patience
punition satiété etc.

---

*L'y au commencement et à la fin des mots et dans le corps des mots après une consonne se prononce comme un i simple, et on le prononce comme deux i dans le corps des mots après une voyelle :*

yatagan yeux bey acolyte
analyse asphyxie cygne
labyrinthe lyre martyr myrte

mystère nymphe oxyde physique polygone pyramide style syllabe symbole syncope synonyme système synode type etc.

aboyer balayer bégayer boyau broyer bruyère citoyen crayon croyance doyen délayer égayer envoyé incroyable loyauté loyer métayer mitoyen moyen moyeu foyer joyau payer rayer voyage noyau noyé payable paysan pays ployer rayer rayon pitoyable etc.

---

*E se prononce a dans :*

| femme | apparemment |
|---|---|
| indolemment | innocemment |
| conséquemment | décemment |
| indemnité | récemment |
| prudemment | solennité. |

*E se prononce é au commence-*

ment des mots devant les lettres
cc, ff, s, x :

ecclésiastique efficace
escadron escalier escarole
escamoter escarpin esclave
escorte espace espèce espoir
espérance estime exagérer
exactitude examiner exemple etc.

---

e se prononce è devant les lettres
b, c, d, f, g, l, p, t et quelquefois
devant le r et le s, lorsque ces
lettres sont suivies d'une seconde
consonne ou qu'elles sont finales :

les ces ses mes tes des mer fer
ver elle mortel verbe ferme
veste vertu berline caverne
luzerne percale verdure avertir
manuel mutuel naturel paternel
perpétuel universel gerbe germe

4

verge bergère servir serviteur
etc.

---

*Le c se prononce g dans :*

second seconde seconder
secondaire secondement.

---

*Le c avec une cédille (ç) se
prononce s :*

arçon leçon façon façade
garçon maçon reçu glaçon suçon
suçoir aperçu contrefaçon
gerçure limaçon soupçon
tronçon étançon façonné forçat
français fronçure inaperçu
ineffaçable maçonner menaçant
perçoir pinçon poinçon rançon
remplaçant charançon etc.

*Le x se prononce s dans :*

six dix soixante soixantaine
soixantième etc.

---

*Le x se prononce z dans :*

sixième dixième etc.

---

*Le x se prononce c dans :*

excès excepté etc.

---

*Le x se prononce gz dans :*

exactitude exemption exagérer
examiner exaucer exalter etc.

---

*ch se prononce c dans :*

choléra cholérine cholérique

choriste chlore christianisme écho etc.

---

*il après une voyelle et à la fin des mots, se prononce ill :*

ail bail deuil émail détail bétail camail travail bouvreuil chevreuil écureuil fauteuil etc.

---

*ll après l'i, se prononce quelquefois ill :*

bille billet fille grille vrille quille étrille abeille aiguille anguille apostille barbillon béquille bouteille castille cheville coquille corbeille famille gobille grillade papillon pastille etc.

---

*eu se prononce u dans :*

j'eus tu eus il eut nous eûmes
vous eûtes ils eurent.

---

*en se prononce é dans :*

ennemi.

---

*aye se prononce éi dans :*

abbaye.

---

*eni se prononce anni dans :*

enivrer enivrant enivrement.

---

*ueil se prononce euil dans :*

accueil cercueil écueil orgueil
recueil recueillir etc.

4*

*est, employé pour désigner l'un des quatre points cardinaux, se prononce essete :*

la **Suisse** est à l'est de la **France** et l'**Océan** est à l'ouest.

---

## LETTRES NULLES.

*a ne se prononce pas dans :*

ainsi étain faim grain main nain pain plain sain train vain vilain certain crainte craindre demain écrivain essaim forain germain incertain lendemain lointain maintenir malsain massepain mondain plaindre plainte poulain prochain sacristain soudain souverain terrain vaincre châtain Saône taon etc.

*e ne se prononce pas devant les syllabes au, in, oi, ni à la fin des mots après une voyelle :*

eau agneau anneau arbrisseau s'asseoir atteindre beau bateau beauté bedeau bureau cadeau caveau carreau chameau château chapeau couteau corbeau cordeau drapeau gâteau rameau râteau rideau marteau tableau ceinture empreinte enceinte éteinte feindre oiseau peau peindre peinture plein sein seau serein teinture veau etc.

agonie armée bougie charpie claie copie écurie folie génie joie joue mairie maladie nue oie ortie pépie pie pluie roue rue soie vie vue etc.

———

*Dans les mots où se trouve*

après le g un e suivi d'une des voyelles *a, o, u,* cet e ne se prononce pas mais il conserve au g le son du j :

**bourgeon badigeon égrugeoir flageolet geai geôlier jugeable logeable mangeoire nageoire orgeat obligeance pigeon rougeâtre rougeole villageois etc.**

o ne se prononce pas dans :

**Laon faon paon.**

les consonnes *b c d g p s t x z* se prononcent rarement à la fin des mots excepté dans la lecture *courante lorsqu'il y a lieu de faire la liaison avec le mot suivant:*

plomb aplomb banc blanc flanc franc jonc porc tabac tronc clerc estomac abord billard blond bord brancard brigand brouillard cafard canard chaud gond lard lourd nid nord placard profond regard renard retard rond sourd bourg étang joug long poing sang camp champ coup drap galop loup trop après autrefois bois brebis buis cabas cadenas compas discours encens fond glacis glas grès gris gros jamais jars jus las logis lors mais marais matelas mauvais mets mois mors nos nous palais pas permis pervers pis pleurs plus poids procès progrès puits remords repas repos revers secours tamis

tapis tiers travers très trois
univers velours vers etc.

les enfants les devoirs les
pommes les poires mes livres
mes plumes tes leçons ces tables
des prunes des abricots etc.

adjoint ardent argent art avant
bientôt bruit calicot conduit
départ front fruit goût mort part
port pont quart sort tord vert etc.

affreux avantageux boiteux
bourbeux chaux choix deux doux
faix fâcheux faux furieux
généreux gracieux jaloux
malicieux nerveux noix
nombreux adieux paix paresseux
perdrix peureux poix prix toux
voix vieux riz etc.

———

*les finales c d p s t x z se
prononcent cependant dans les
mots suivants:*

as cacis cap cep dot adonis

argus atlas grec index préfix
jadis lac mars mastic mérinos
omnibus os parc public caduc
turc sac sec soc sud pic trafic
gaz etc.

————

*sc se prononce comme ss devant
les voyelles e i :*

ascension ascendance faisceau
descendre piscine sceau scélérat
scellé scène sceptre discipline
sceptique sciage sciatique scie
scier scieur science susceptible
etc.

————

*le g ne se prononce pas dans :*

doigt      longtemps      vingt
vingtième vingtaine legs etc.

*l ne se prononce pas dans :*

**fils baril coutil fenil fusil outil pouls persil faulx etc.**

---

*le m ne se prononce pas dans :*

**automne damné condamné etc.**

---

*le n ne se prononce pas dans :*

**monsieur.**

---

*le p ne se prononce pas dans :*

**baptême compte compter comptoir compteur corps**

cheptel sept temps escompte
septième mécompte prompt
printemps etc.

---

*ch ne se prononce pas dans :*

almanach.

---

*Lorsqu'une voyelle est surmon-*
*tée d'un tréma ( ·· ) il faut la*
*prononcer séparément et non*
*avec celle qui précède :*

ciguë égoïste naïf naïveté noël
moële aïeul aïeule aïeux
baïonnette etc.

---

*Lorsque deux lettres sont liées*

5

ensemble la dernière seule se
prononce :

œuvre sœur cœur vœu nœud
manœuvre désœuvré mœurs etc.

---

œil se prononce euil dans :

œil œillet.

---

Le f se prononce dans :
un œuf un bœuf un nerf,

et on ne le prononce pas dans :
des œufs des bœufs des nerfs :

---

nt ne se prononce pas à la fin de

*certains mots qu'on appelle verbes*
*(à la 3e p. pl.) :*

ils parlent ils chantent ils
sautent ils lisaient ils écrivaient
qu'ils viennent qu'ils sortent
les enfants aiment les bonbons
Pierre et Paul apprennent la
grammaire Jacques et Jules
étudient leurs leçons etc.

———

*La lettre h est muette, c'est-à-*
*dire complétement nulle pour la*
*prononciation, dans les mots*
*suivants :*

habile habit habileté habitable
habitant habitude haleine
hameçon absinthe apathie
apothicaire arithmétique arrhes
logarithmes malheur
malheureux malhonnête

cantharide enthousiasme
exhorter gothique inhabile
inhumain inhabité labyrinthe
léthargie lithographe
aujourd'hui authentique
bibliothèque bonheur
bonhomme cahier catharre
cathédrale catholique chrétien
hectolitre herbe héritage heure
hier hirondelle histoire hiver
homme hôpital horloge méthode
orthographe panthère posthume
rhubarbe rhumatisme théâtre
thé théière thême souhaiter etc.

---

*La lettre h est aspirée, c'est-à-dire qu'elle fait prononcer du gosier la voyelle qui la suit dans les mots suivants :*

ha hache hacher hachis

hachette hachoir hagard haie
haïe haillon haine haïr hâle
hâler haletant halle hallebarde
halte hameau hampe hanche
hangar hanneton hanter happe
happer baquenée haquet
harangue haranguer haras
harasser harceler hardes hardi
hardiesse hareng hardiment
hargneux haricot haridelle
harnais harnacher harpe harpon
hasard hasarder hâte hâtif
hausse haut hautain hauteur
hautbois hautement hennir
havresac hérissé hérisson hernie
héron héros herse herser hêtre
heurter hibou hideux hochet
homar honte honteux hoquet
hors hotte houe houille houlette
housse houx huche huit humer
huppe hurler hutte enhardir
enharnacher etc.

## RÉCAPITULATION

Le cou, du feu, la foi, un clou, mon livre, le lion, un chou, l'aigle, le balai, un bâton, de la bière, un bijou, une boîte, une bombe, une boule, la bêche, ton caban, le colon, un conte, du coton, le coude, une coupe, une chute, la danse, une faute, une fente, le filou, la fonte, une forêt, la foule, une figue, la lampe, le lapin, un melon, le moule, le monde, une poule, une pêche, la poche, une rente, une ruche, le salon, du savon, la sonde, la soupe, une taupe, une tuile, la quête, une vache, la vigne, le bouton, une barque, une brique, la course, du cuivre, une caille, la chèvre, une cruche, le flacon, le fripon, le goufre, la paille, une pioche, la bouche, une chaîne, la langue, une mouche, le moulin, du soufre, l'armoire, la baleine, une épingle, le cabinet, la lumière, le sentier, la tempête, une voiture, un bouquet, le caillou, un ivrogne, une chanson, du chanvre, du charbon, une fourche, la tunique, un furoncle, la

lanterne, de la moutarde, un pistolet, du
bouillon, une muraille, le prophète, la
cafetière, la couturière, une chaudière, le
moniteur, le ramoneur, le tambour, du
beurre, une carotte, la commode, une
pomme, de la cire, la noce, une puce, du
cidre, la cigale, une lance, le pouce, de la
cendre, un centime, la cigogne, du cirage,
du fromage, une éponge, le genou, une
orange, une rose, le visage.

La fin du livre, du vin rouge, l'aile du
poulet, l'aire de la grange, l'anse du
panier, le biez du moulin, le châle brun,
l'étui de Pauline, l'ancre du navire, l'encre
noire, l'angle de la maison, la biche
craintive, du sucre candi, la poudre à
canon, une bête fauve, le fouet du postillon,
la fuite du poltron, le gazon du jardin, le
jupon de Rose, le canon de la citadelle, la
jambe droite, la laine du mouton, la
mèche de la lampe, le lapin angora, le
licou du mulet, la fête de maman, le piano
de Valentine, une poire de citron, la route
départementale, une santé robuste, la toile

de coton, une ligne courbe, la veine de la
tempe, la voûte du temple, l'aumône du
pauvre, la chevelure blonde, la bourse
vide, le brevet du maître, la colonne de
bronze, le cadran de la pendule, le nez
aquilin, le ruban bleu, l'aiguille à coudre,
la croûte du pâté, le casque du dragon,
la tête chauve, le chemin raboteux, la
cloche sonore, l'épaule gauche, la foudre
gronde, la fourmi prévoyante, le peigne
d'ivoire, le jardin potager, une tranche de
jambon, le livret de l'ouvrier, la montre de
Lucien, de la viande cuite, le violon de
Frédéric, la colombe timide, la couture
du pantalon, le domaine de mon oncle,
l'enclume du forgeron, l'escalier du grenier,
la litière du cheval, la fontaine limpide, la
pension du capitaine, la rivière rapide, le
salaire de la peine, la semaine prochaine,
le bouchon de la bouteille, une colique
violente, la chambre à coucher, l'écaille du
poisson, l'écharpe du maire, une feuille de
papier, la machine à vapeur, l'école
primaire, une soupière de porcelaine, une

plume d'autruche, le chapitre douzième, la montagne rapide, la devanture du magasin, le garde champêtre, la quenouille de la bergère, la chaleur du soleil, le journal quotidien, une allumette chimique, la malle du voyageur, l'écorce de l'arbre, la blessure du militaire, le juge intègre, le ciel et la terre, mon père et ma mère, mon frère et ma sœur. Dieu est juste. Victor est bien sage. Pierre est un peu paresseux. Le chien est l'ami de l'homme. Le kilomètre vaut mille mètres. En étudiant on devient savant. Aide-toi, le Ciel t'aidera. La paresse produit la misère. Le travail procure l'aisance. La propreté est la mère de la santé. La malpropreté engendre la maladie. La prudence est la mère de la sûreté. Préférez l'utile à l'agréable.

## 3ᵉ PARTIE.

# LECTURE COURANTE.

## DES REPOS ET DES LIAISONS.

Dans la lecture courante, il faut se faire une règle inviolable d'observer les repos, c'est-à-dire qu'il faut s'arrêter ou prendre haleine à chaque signe de ponctuation que l'on rencontre, afin de laisser à chaque phrase son véritable sens; car sans cela, les phrases seraient toutes dénaturées, et la lecture serait insipide.

Voici les différents signes de ponctuation dans leur ordre progressif : la virgule (,), le point-virgule (;), les deux points (:), le point (.), le point interrogatif (?) et le point exclamatif (!).

Ainsi, lorsqu'on rencontre une simple

virgule, il faut s'arrêter mais à peine; au point-virgule, on s'arrête un peu plus; aux deux points, on s'arrête encore un peu plus; enfin, au point, au point interrogatif et au point exclamatif, on s'arrête encore davantage.

Pour donner de la grâce à la lecture et au langage, il faut aussi faire les liaisons.

Les liaisons consistent à faire sonner la dernière lettre d'un mot sur la première lettre du mot suivant, quand le premier mot finit par une consonne et que le second commence par une voyelle ou un h muet. Les lettres avec lesquelles on fait ordinairement la liaison sont : le t, le c, le l, le n, le p, le q, le r, le z, qui conservent leur prononciation habituelle, le s et le x qui se prononcent z, le d qui se prononce t, le g qui se prononce c, et le f qui se prononce quelquefois v : petit enfant, tabac à fumer, fil à coudre, mon ami, trop étroit, cinq ans, aller à la promenade, venez ici, vous avez raison, deux heures, grand homme, sang humain, neuf ans, etc.

Mais il ne faut jamais faire de liaison lorsque les deux mots sont séparés l'un de

l'autre par un signe quelconque de ponctuation, ni lorsque le second commence
par un h aspiré.

## CONSEILS AUX ENFANTS,

Enfants, à votre réveil, pensez à Dieu,
à vos parents, à vos maîtres et à tous vos
devoirs. Vous devez à Dieu l'adoration, à
vos parents, la reconnaissance, à vos supérieurs, le respect. Vous adorerez Dieu en
lui offrant toutes vos actions ; vous serez
reconnaissants envers vos parents, en vo-
lant au-devant de tous leurs désirs ; vous
serez respectueux envers vos supérieurs,
en remplissant fidèlement tous les devoirs
qu'ils vous imposeront.

Aimez vos condiseiples comme vos frères ; aimez tout le monde. Ne parlez pas
des fautes des autres et ne découvrez jamais ce que vous connaissez de vicieux

dans leur conduite, car les médisants n'inspirent aucune confiance, on les craint, on les hait. Supportez les défauts des autres pour qu'ils supportent les vôtres, car nous en sommes tous remplis. En un mot, ne faites jamais aux autres ce que vous ne voudriez pas qu'on vous fît. Nous sommes tous frères, tous faits à l'image de Dieu et également ses enfants; nous devons par conséquent prendre soin les uns des autres, nous aider réciproquement et non nous déchirer.

Faites du bien quand vous le pourrez, dites-en de tout le monde, ne portez jamais de jugements téméraires et vous serez estimés des honnêtes gens. Soulagez celui qui souffre autant que vous le pourrez. Soulagez vos parents dans leur vieillesse et rendez-leur, si vous le pouvez, au-delà de tout ce qu'ils ont fait pour vous. Écoutez les vieillards avec déférence et respectez-les, car ils ont sur vous l'expérience de la vie.

Ménagez vos animaux domestiques pour le bien qu'ils vous ont fait et pour celui qu'ils peuvent vous faire encore. Ils sont vos serviteurs, et ils souffrent comme nous lorsqu'on les maltraite.

Appliquez-vous de bonne heure à l'étude; iustruisez-vous pendant que vous êtes jeunes; il ne sera plus temps d'aller à l'école quand vous aurez vingt-cinq ans. Un jour vous serez des hommes et vous aurez un état; plus vous serez instruits plus vous vous distinguerez dans l'exercice de votre profession.

## DU CHOIX D'UN ÉTAT.

Toutes les professions sont honorables, lorsqu'elles sont utiles et qu'on les exerce avec probité; il n'y a d'humiliant que ce qui est inutile ou malhonnête. Il en est néanmoins que l'on doit choisir de préférence. Ce sont celles qui sont fondées sur des bases solides et durables, c'est-à-dire qui se rapportent aux besoins réels de la

société. Ainsi l'agriculture, les manufactu-
res, les états de boulanger, de menuisier,
de tailleur, de cordonnier, de forgeron, etc.,
voilà les professions qui, en général, doi-
vent être préférées ; car il faut toujours du
blé, du pain, des meubles, des habits, des
souliers, etc. Dans tous les cas, le parti le
plus sage, dans le choix d'un état, est de
suivre tout simplement la profession de son
père. On trouve le chemin tout tracé ; l'ap-
prentissage est facile, il n'est pas besoin
de créer une chose nouvelle, on n'a qu'à
continuer celle qui existe déjà. Si vous avez
le bonheur d'avoir un père qui ait acquis
une certaine réputation dans son état, vous
héritez naturellement des avantages que
lui donne cette réputation, pourvu que vous
sachiez la mériter aussi par votre travail.
Enfin, si vous êtes bon fils, ce doit être une
jouissance pour vous de partager les travaux de votre père, de le soulager de ce
poids dans sa vieillesse ; ce doit être une
consolation de lui succéder, de le remplacer
après sa mort, et de devenir à votre tour
le soutien de votre famille.

Il y a quelquefois des enfants orgueilleux

qui se croient faits pour une condition plus
élevée que celle de leurs parents, et qui
sont assez ingrats pour rougir de la profession au moyen de laquelle leur père les a
élevés. Celui qui rougit de son père, mes
enfants, est un petit monstre aux yeux des
gens de bien, et il portera tôt ou tard la
peine de son ingratitude, car Dieu punit les
enfants ingrats.

Quoiqu'il en soit souvenez-vous que
l'homme est né pour le travail et que celui
qui ne travaille pas est un être inutile sur
la terre. Dès que vous aurez définitivement
arrêté votre choix, livrez-vous donc sans
relâche à l'exercice de votre profession.
Avec du travail, de l'ordre et de l'écono-
mie, on arrive infailliblement à l'aisance
et souvent même à la fortune ; si au contraire vous avez le malheur de vous livrer
à l'oisiveté, à la paresse, au libertinage,
vous n'aurez jamais que la misère pour
partage. Ainsi deux routes différentes
s'ouvrent devant vous : celle du travail et
de la vertu, et celle de l'oisiveté et du vice ;
si vous voulez prospérer, suivez fidèlement
la première ; évitez soigneusement la se-

conde, si vous ne voulez aller mourir à l'hôpital ou en prison.

---

# DIVISIONS DU TEMPS.

---

Le jour se divise en vingt-quatre heures, l'heure en soixante minutes et la minute en soixante secondes. Ainsi, il faut soixante secondes pour faire une minute, soixante minutes pour faire une heure et vingt-quatre heures pour faire un jour.

On appelle semaine un espace de sept jours successifs qui se nomment : Dimanche, Lundi, Mardi, Mercredi, Jeudi, Vendredi et Samedi.

Un mois est, en général, un espace de trente jours.

Une année est un espace de douze mois, savoir : Janvier, Février, Mars, Avril, Mai, Juin, Juillet, Août, Septembre, Otobre, Novembre et Décembre.

6*

L'année se divise encore en quatre saisons : le Printemps, l'Été, l'Automne et l'Hiver. Chaque saison dure trois mois. Le Printemps commence le vingt-un Mars, l'Été le vingt-un Juin, l'Automne le vingt-un Septembre et l'Hiver le vingt-un Décembre.

Dans une année, il y a trois cent soixante-cinq jours, et cinquante-deux semaines.

## PETITES

# HISTORIETTES INSTRUCTIVES

### LE PETIT CHARLES.

Chaque matin en se réveillant, le petit Charles donne sa première pensée à Dieu, la seconde à ses bons parents et la troisième aux devoirs qui lui sont imposés pour la journée ; il examine ensuite l'emploi qu'il a fait de son temps la veille ; il revient avec soin sur son travail, repasse dans sa mémoire les conseils qu'il a reçus de ses maîtres relativement à sa conduite ou à ses études, prend la ferme résolution de s'y conformer et parvient à la tenir. Également réglé dans ses travaux et dans ses plaisirs, il se dit toujours : « voilà ce qu'on m'a ordonné, voilà ce qu'on m'a conseillé, voilà ce qu'on m'a permis. » Il ne s'écarte jamais de ses devoirs. Aussi a-t-il toujours l'esprit gai, le cœur content et tranquille. Charles est un petit garçon accompli que tous les enfants devraient imiter.

## GEORGES.

Georges est d'un caractère entièrement opposé à celui de Charles. Il ne prend jamais le soin de réfléchir, il se lève comme un étourdi, ne trouve rien sous ses mains,

parce qu'il a tout jeté pêle-mêle en se
couchant ; s'il veut arriver à l'école en même
temps que ses camarades, il lui manque ou
un bas, ou un soulier, ou sa cravate ; il
perd la moitié de son temps en recherches
inutiles ; veut-il écrire, il ne trouve ni ses
plumes, ni son papier ; une autre fois, il
renverse son encrier sur la page qu'il vient
d'écrire ; en marchant, il heurte son camarade qui lui donne un coup de poing. Georges s'attrape à toutes les portes et déchire
continuellement ses habits. Aussi ses parents et ses maîtres qui sont indignés de sa
conduite, le punissent presque tous les
jours et ne lui donnent jamais de récom-
pense.

## ALBERT OU L'ENFANT SOIGNEUX.

Tous les jours en se levant, Albert a soin
d'ouvrir la fenêtre de sa chambre pour re-

nouveler l'air, de mettre tout en ordre ; il n'oublie jamais de se peigner, de se laver les mains et le visage, et de brosser soigneusement ses habits. Ses livres et ses cahiers ne sont jamais déchirés ni barbouillés d'encre, son chapeau et son mouchoir ne traînent jamais. Aussi, est-il la joie de ses parents et de ses maîtres qui se plaisent à le citer comme modèle à ses camarades.

# L'Égoïste.

Alexis aime bien sa petite sœur, chaque fois qu'elle fait ce qu'il désire, chaque fois qu'elle vient lui donner elle-même ce qu'elle possède ; mais vient-elle réclamer quelque chose de lui, s'oppose-t-elle à l'une de ses volontés, reçoit-elle des félicitations pour sa bonne conduite, alors l'amour d'Alexis pour sa bonne sœur diminue et il se trouve jaloux et choqué si l'on dit trop de bien d'elle devant lui. Une affection qui se refroidit ainsi, et qui repose tout entière sur l'intérêt, n'est pas une véritable affection.

## LE PETIT BAPTISTE.

Le petit Baptiste ne va jamais à l'école sans avoir rendu à sa mère tous les petits services qu'il peut lui rendre. Ainsi, dès qu'il est levé, c'est lui qui demande à faire toutes les commissions du matin, et il n'est pas longtemps en route; c'est lui qui va chercher de l'eau et qui souvent met tout en ordre dans le ménage : quant il sort de l'école, il court vite à la maison pour aider encore à sa mère; car il voudrait qu'elle se donnât le moins de peine qu'il est possible. Baptiste est un bon fils.

# LE MAUVAIS FILS.

Un jeune enfant était la seule espérance de sa mère, veuve d'un pauvre soldat. La pauvre femme avait sacrifié tout ce qui lui restait, afin que son fils reçût une bonne éducation, pût se créer un état et l'aider elle-même dans sa vieillesse ; mais il n'en profita pas. Le matin, il fallait l'appeler pendant une heure avant qu'il se réveillât ; à l'école, il était sans cesse puni pour sa négligence et son inattention ; au lieu d'écouter ses maîtres où de s'occuper de ses devoirs, il causait ou s'occupait de choses étrangères aux leçons. Aussi, lorsqu'il eut perdu sa mère, traîna-t-il toujours une vie misérable ; il fut réduit à mendier son pain de porte en porte, parce qu'il ne savait et ne voulait rien faire.

# LE PRIX DE LA COURSE.

Un homme qui avait deux fils, les mena un jour dans un champ, et, tirant de sa poche un gâteau, il leur dit qu'il le donnerait à celui qui arriverait le premier à une barrière placée à deux cents pas. Nos deux petits rivaux partirent ensemble au signal convenu, et se mirent à courir de toute la vitesse de leurs jambes. Ils seraient arrivés au but tous deux en même temps, si le pied de Julien n'eut glissé sur l'herbe, ce qui le fit tomber. Par cet accident, Henri, son frère, gagna le prix sans qu'il lui eût été disputé, et le reçut de son père. Henri le prit ; mais il courut aussitôt en porter la moitié à son frère : « si le pied m'avait glissé, dit-il, et que je fusse tombé, j'aurais été bien aise que Julien me donnât de son gâteau ; ainsi, puisque cette disgrâce est arrivée à Julien, je pense qu'il ne sera pas fâché d'avoir du mien ». C'est ainsi que devraient se conduire tous les enfants.

---

## LES DEUX FRÈRES MARCEL.

Dans un petit bourg du département des Hautes-Alpes, vivait du fruit de son travail, un pauvre homme qu'on appelait Marcel. Cet homme était resté veuf de bonne heure, et sa femme lui avait laissé en mourant deux jeunes enfants; l'aîné portait le nom de Jérôme, et le plus jeune se nommait Louis. Marcel n'avait pas reçu d'instruction, mais il avait du bon sens et il ressentait un grand chagrin de ne pouvoir en donner à ses deux fils. Mais à cette époque les écoles étaient rares, et le bon Marcel était trop pauvre pour envoyer ses enfants à la ville prochaine. Combien il se fut trouvé

heureux aujourd'hui que chaque village possède son école, et qu'il n'en coûte rien pour être instruit ! Ne pouvant donc rien faire apprendre à ses deux enfants, il cherchait au moins à leur inspirer des principes de piété et de vertu. Malheureusement ses occupations ne lui permettaient pas de veiller continuellement sur eux, et il était facile à l'oisiveté et à la dissipation de détruire promptement tout son ouvrage.

Jérôme était fort évaporé. Il courait tout le jour avec les petits vagabonds du village, passait avec eux pardessus les murs des jardins pour aller voler des fruits, et recevait souvent des corrections dont il ne se vantait pas. Il s'accoutumait aussi par désœuvrement à maltraiter les animaux ; c'était un passe-temps pour lui d'assommer les chiens et les chats et de casser les pattes aux poules et aux canards à coups de pierres. Avec toutes ces mauvaises dispositions qui se fortifiaient en lui par l'habitude, il était facile de prévoir que Jérôme ne ferait jamais qu'un mauvais sujet.

Il n'en était pas de même de Louis; quoiqu'il fût le plus jeune, les discours de son père faisaient une impression plus forte sur son cœur. Il était d'un caractère doux, et tout son chagrin était de ne pouvoir apprendre à lire. M. le curé ayant appris cela et sachant que Louis était un bon petit garçon, le fit aller chez lui et lui apprit non seulement à lire et à écrire, mais encore tout ce qu'il lui fallait pour faire un jour un honnête homme et un bon agriculteur.

Lorsque les deux frères eurent atteint l'âge de songer à leur propre fortune, Louis entra dans une grosse ferme et sut si bien mériter la confiance et les bonnes grâces de son maître, par son intelligence, son travail et sa bonne conduite, que le fermier, qui était déjà vieux, lui confia, au bout de quelques années, l'entière direction de sa ferme, et lui donna sa fille unique en mariage. Louis devenu gros fermier fit venir son vieux père avec lui, et toute la famille coula désormais des jours heureux et tranquilles.

Quant au pauvre Jérôme, comme il ne songeait qu'à ses plaisirs et qu'il détestait le travail, il s'engagea d'abord dans un régiment parce qu'il croyait qu'il n'aurait rien à faire et qu'il pourrait se divertir depuis le matin jusqu'au soir. Mais, quand il fallut aller à l'exercice et monter la garde, il fut bientôt dégoûté de l'état militaire, et un beau jour feignant d'être indisposé pour ne pas aller à l'exercice, il profita de l'absence de ses camarades pour voler tout l'argent qu'il put trouver dans leurs sacs, et déserter le régiment. Ayant rencontré dans sa fuite une troupe de comédiens ambulants, Jérôme s'enrôla avec eux, vola également leur caisse un jour qu'ils avaient fait une assez bonne recette, et, pour échapper à la justice, alla se réfugier dans une forêt au milieu d'une bande de voleurs avec lesquels il s'associa et commit toutes sortes de crimes. Enfin, un jour qu'il s'était introduit dans un château où il espérait faire ce qu'il appelait un bon coup, il fut pris, et, pour prix de son infâme conduite, il fut conduit en prison où il périt misérablement.

# LE PETIT JEAN-PIERRE.

Le petit Jean-Pierre était fils d'un simple ramoneur de la Haute-Auvergne. A peine eut-il atteint sa dixième année que son père, en bon auvergnat, lui dit un jour : Jean-Pierre, tu sais lire, c'est-à-dire tu connais tes lettres, voilà une râclette et trente sous de bon argent, avec cela, mon garçon, on peut voyager et faire son chemin. Ainsi, je ne t'en dis pas davantage, pars et que je ne te revoie plus à la cuisine. Après avoir embrassé sa bonne mère, qui lui glissa dans la main une seconde pièce de trente sous, Jean-Pierre partit donc les yeux un peu gonflés de larmes, et dirigea ses pas vers la ville voisine non sans avoir plusieurs fois retourné la tête vers sa montagne et sa chaumière. Arrivé à la ville, il ramona des cheminées, tendit quelquefois la main pour avoir un morceau de pain afin de ne pas

7*

toucher à son petit trésor, et poursuivit ainsi sa route jusqu'à Paris où il arriva avec une vingtaine de francs. Une honnête personne, à qui il demanda l'hospitalité, voulut bien le recevoir par charité et lui donner un gîte dans son grenier. Comme Jean-Pierre avait un excellent cœur et qu'il était très-reconnaissant de toutes les bontés qu'on avait pour lui, son hôte s'intéressa à son sort, continua ou plutôt reprit son éducation, et au bout de quelque temps le fit habiller proprement et entrer dans une maison de commerce où il se maria plus tard très-avantageusement. Jean-Pierre est aujourd'hui un des plus riches capitalistes de Paris. Vous voyez, mes enfants, qu'il n'est pas toujours besoin d'avoir une haute naissance pour faire fortune.

# MONSIEUR ADOLPHE.

M. Adolphe, au contraire, était fils uni-

que d'un riche propriétaire de la Norman-
die. Son père lui laissa en mourant un revenu annuel de plus de cinquante mille
francs, mais malheureusement sa mère lui
avait répété trop souvent qu'il était riche.
Adolphe, qui l'avait écoutée d'un air vain-
queur, négligea totalement son éducation,
s'endormit sur sa fortune et s'abandonna
tout entier à ses plaisirs. Après avoir mené,
pendant une dixaine d'années, une vie des
plus déréglées, M. Adolphe se trouva
complétement ruiné ; un beau jour ses cré-
anciers firent saisir et vendre toutes ses pro-
priétés et il fut réduit, pour terminer sa
misérable existence et avoir un morceau de
pain, de s'imposer les privations les plus
dures et de se livrer aux travaux les plus
pénibles. Voilà ce que produit la mauvaise
conduite.

# LES DEUX BATELIERS.

## FABLE.

Sur un fleuve grossi par les eaux de la pluie,
    Deux bateliers de compagnie
    Conduisaient chacun leur bateau.
    Dans son métier encore novice,
    L'un ne connaissait guère l'eau ;
Mais l'autre, vieux routier, par un long exercice,
Avait si bien appris tous les chemins du port,
Qu'il abordait toujours sans mauvaise aventure.
    L'un et l'autre allaient bien d'abord ;
    Leur marche était tranquille et sûre,
Lorsqu'ils virent de loin, élevé sur les flots,
Un pont dont il fallait traverser les arceaux.
    Le pas était fort difficile,
    Et demandait un homme habile.
Notre vieux batelier le sentit, et soudain,
Craignant, pour son novice, un accident tragique,
— Holà ! lui cria-t-il, allons bien, bride en main ;

C'est ici le moment critique.

Si tu manques le fil de l'eau,

Je ne réponds pas de ta barque,

Il y va même de ta peau,

Et tu pourrais fort bien aller trouver la Parque.

Fais donc si bien la guerre à l'œil,

Et conduis si bien ta nacelle,

Que tu ne m'ailles pas faire prendre le deuil.

— Peste ! dit le jeune homme à légère cervelle,

Vous vous y prenez de bien loin !

Je crois que vous rêvez. Eh ! qu'est-il donc besoin

De régler déjà notre marche ?

Lorsque nous serons près de l'arche,

Ne serons-nous donc pas à temps ?

— Non, morgué ! répondit le vieillard en colère,

Tout dépend des moments présents.

Je connais ce pays, je sais ce qu'il faut faire ;

A ce que je te dis tu peux donc te fier.

Son avis, en effet, était fort salutaire ;

Mais notre jeune téméraire

Le laisse pester et crier,

Et sans prendre aucune mesure,

Au gré des vents, au gré des flots,

Il vous laisse voguer sa barque à l'aventure,

Jusqu'à tant qu'il arrive enfin près des arceaux,

Alors menacé du naufrage,

Il veut exécuter les conseils du vieillard,

Il fait force de bras, il met tout en usage;

    Mais c'était s'y prendre trop tard.

    Le courant, par sa violence,

    L'entraîne droit vers l'éperon,

    Et pour prix de son imprudence,

Il passe de sa barque en celle de Caron.


    Dans la carrière de la vie,

Craignez le triste sort du jeune batelier.

Quand on commence mal, le mal se fortifie,

Et rien à ses progrès ne peut remédier.

Imprimé chez A. AUPETIT, à Montluçon.

www.ingramcontent.com/pod-product-compliance
Lightning Source LLC
Chambersburg PA
CBHW052052270326
41931CB00012B/2730